UEFA EURO2020

DAS OFFIZIELLE BUCH ZUR EM

INHALT

Anstoß zur UEFA EURO 2020! ... 6
So läuft's ... 8
Die Gastgeber ... 10
Super Stadien ... 12
60-jähriges Jubiläum ... 14
Finalruhm ... 16
Große Auszeichnungen ... 18

GRUPPE A
Türkei ... 20
Italien ... 21
Wales ... 22
Schweiz ... 23

GRUPPE B
Dänemark ... 24
Finnland ... 25
Belgien ... 26
Russland ... 27

GRUPPE C
Niederlande ... 28
Ukraine ... 29
Österreich ... 30
Nordmazedonien ... 31

GRUPPE D
England ... 32
Kroatien ... 33
Schottland ... 34
Tschechien ... 35

GRUPPE E
Spanien ... 36
Schweden ... 37
Polen ... 38
Slowakei ... 39

GRUPPE F
Ungarn ... 40
Portugal ... 41
Frankreich ... 42
Deutschland ... 43

UEFA-EURO-2020-STARS
Sturm ... 44
Mittelfeld ... 48
Abwehr ... 52
Tor ... 54

UEFA EURO 2020 Das Quiz: Teil 1 56
UEFA EURO 2020 Das Quiz: Teil 2 58
Meine Highlights 60
Spielplan und Ergebnisse 62

ANSTOSS ZUR UEFA EURO 2020!

Das größte Fußballturnier, das dieser Kontinent je gesehen hat, startet am 11. Juni mit einem Jahr Verspätung wegen der COVID-19-Pandemie. Zum ersten Mal findet die spannende Endrunde der EM dabei in 12 verschiedenen Ländern statt, darunter Deutschland, England, Italien, Schottland und Spanien. Die Fans weltweit erwartet ein wahres Fußballfest mit vielen Superstars, Toren und jeder Menge Action.

Trotz der Verspätung ist die EURO 2020 etwas Besonderes, denn das berühmte Turnier feierte sein 60. Jubiläum! Damals, 1960, schlug die UdSSR (Sowjetunion, heute Russland) im Finale das Team aus Jugoslawien. 60 Jahre später wetteifern nun ganze 24 Mannschaften darum, im Finale zu stehen, das am 11. Juli 2021 im Londoner Wembley-Stadion ausgetragen wird.

TOR-TUGAL!

Mit Superstar Cristiano Ronaldo als Kapitän errang Portugal bei der UEFA EURO 2016 den ersten großen Titel – dank eines Tors von Stürmer Éder in der Verlängerung. Der Sieg war umso schöner, schlug man im Pariser Stade de Frankreich doch den Gastgeber und Favoriten Frankreich.

LINKS: Portugal feiert nach dem Sieg über Frankreich den Titel bei der UEFA EURO 2016.

LINKS: Topspieler bei der EURO 2020 *(von links):* Sergio Ramos (Spanien), Manuel Neuer (Deutschland) und Antoine Griezmann (Frankreich).

SUPER SILBERPOKAL

Die große Trophäe, nach der alle streben, ist der 60 cm hohe und 8 kg schwere Henri-Delauny-Pokal. Er wurde nach dem ersten UEFA-Generalsekretär benannt und besteht aus Sterlingsilber. Portugal, Spanien, Griechenland und Frankreich durften ihn im 21. Jahrhundert bereits in Händen halten. Welcher Mannschaft wird es 2021 gelingen?

SO LÄUFT'S

Das erste Spiel der UEFA EURO 2020 wird am 11. Juni 2021 im Olimpico in Rom ausgetragen werden. Im Laufe des gesamten Turniers gibt es 51 Spiele, beginnend mit denen der Gruppenphase, worauf Achtel-, Viertel- und Halbfinale folgen und schließlich das große Endspiel. Auf Seite 62/63 findest du eine Übersicht zu den Partien und Austragungsorten.

Die 24 Nationen, die bei der UEFA EURO 2020 antreten, mussten eine Qualifikationsphase durchlaufen, die im März 2019 begann. Die 55 Teilnehmer spielten in einer von 10 Gruppen mit je 5 bis 6 Mannschaften jeweils ein Heim- und ein Auswärtsspiel gegeneinander. Die beiden besten Teams einer jeden Gruppe qualifizierten sich als die ersten 20 Teilnehmer der Endrunde. Die übrigen 4 Plätze wurden im Oktober und November 2020 in Play-off-Spielen vergeben – über die Teilnahme entschied das Abschneiden bei der UEFA Nations League 2018/19. Die vier Gewinner der Play-offs waren Nordmazedonien, Schottland, Slowakei und Ungarn.

RECHTS: Der belgische Mittelfeldspieler Kevin De Bruyne setzt bei der Qualifikation für die UEFA EURO 2020 Schottland mächtig unter Druck.

OBEN: Der Franzose Kylian Mbappé *(rechts)* kämpft bei einem Qualifikationsspiel der UEFA EURO 2020 mit dem Isländer Hörður Magnússon um den Ball.

DIE GRUPPENPHASE

Vom 11. bis 23. Juni finden die Gruppenspiele statt. Die 24 Teams bestreiten in 6 Vierergruppen je drei Spiele. Die beiden besten Mannschaften aus jeder Gruppe und die vier besten Drittplatzierten erreichen sodann das Achtelfinale. Für Fans ist die rasante Gruppenphase der Europameisterschaft besonders reizvoll – an manchen Tagen finden ganze vier Partien statt! Die letzten Spiele einer jeden Gruppe werden zur gleichen Zeit angepfiffen.

DIE FINALRUNDE

Nun steigt die Spannung deutlich, denn ab sofort müssen die Teams jedes einzelne Spiel gewinnen, um weiterzukommen! Die Partien des Achtelfinals finden vom 26.–29. Juni statt – jedes der acht Spiele in einer anderen Stadt. Wenn nötig, kommt es jeweils zu Verlängerung und Elfmeterschießen. Die vier Viertelfinal- und zwei Halbfinalpartien entscheiden dann darüber, welche beiden Länder am 11. Juli um den Henri-Delaunay-Pokal spielen.

DIE GASTGEBER

Die UEFA hat ganze 12 Fußballnationen als Gastgeber für das Sportereignis dieses Sommers auserkoren! Diese einzigartige Idee erlaubt es viel mehr Fans aus verschiedenen Ländern, ganz nah dabei zu sein. In jedem Gastgeberland werden mindestens vier Partien aus Gruppenphase und Finalrunde ausgetragen. Die Gastgeber sind Aserbaidschan, Dänemark, Deutschland, England, Irland, Italien, die Niederlande, Rumänien, Russland, Schottland, Spanien und Ungarn.

RECHTS: Ein junger England-Fan feuert sein Team an und schwingt eine Fahne mit dem berühmten „Three Lions"-Wappen.

GROSSE NAMEN

Fünf dieser 12 Länder haben die Endrunde der EURO schon zuvor ausgetragen. Die Niederlande und Belgien waren im Jahr 2000 gemeinsame Gastgeber. Das Oranje-Team wurde zudem 1988 selbst Meister. Der dreimalige Europameister Spanien war 1964 Gastgeber des großartigen Events, danach folgten Italien, Deutschland und England.

ERSTMALS AM START

Russland war Austragungsort der FIFA WM 2018, doch erstmals wurde dieses große Land als Gastgeber für eine Endrunde der UEFA EURO ausgewählt. Darüber hinaus wird die Begeisterung der Fans in Schottland und Irland ebenso wie in Dänemark, Ungarn und Rumänien enorm sein, finden dort doch zum allerersten Mal Endrundenspiele statt. Auf der nächsten Doppelseite erfährst du mehr über die ausgewählten Stadien und Städte.

UNTEN: Deutsche Fans unterstützen ihr Team und genießen die Atmosphäre, bevor auf dem Feld zum Anstoß gepfiffen wird.

OBEN: Russland feiert mit den Fans nach dem 1:0-Sieg gegen Zypern in der Qualifikation zur EURO 2020.

GROSSE PARTY

Auf dem ganzen Kontinent, in Städten überall zwischen Dublin und Baku, freuen sich Fußballfans auf die UEFA EURO 2020 Party. Da der Start vom Juni 2020 verschoben wurde, ist die Aufregung sogar noch gewachsen, und man kann es kaum erwarten, dass Europas Superstars gegeneinander antreten. Das Ereignis wird Millionen Fans auf der ganzen Welt lange in Erinnerung bleiben.

SUPER STADIEN

Es wird Zeit, einen Blick auf die 12 Stadien zu werfen, in denen die Spiele der UEFA EURO 2020 ausgetragen werden – und das auf so geschichtsträchtigem Boden wie im Wembley Stadion und Hampden Park ebenso wie in modernen Spielstätten wie der Puskás Aréna oder dem Stadion von Sankt Petersburg. Sehen wir uns das Ganze doch etwas genauer an!

OLIMPICO ROM

Land: Italien
Stadt: Rom **Kapazität:** 68 000
Spiele der UEFA EURO 2020:
3 × Gruppe A, 1 × Viertelfinale

Im „Olimpico", der Heimspielstätte der Serie-A-Rivalen Lazio und AS Rom, beginnt die UEFA EURO 2020. Wenn die Eröffnungspartie der Gruppe A am 11. Juni angepfiffen wird, liegt dort Spannung in der Luft! Im Olympiastadion Rom finden seit 1953 große Fußballspiele statt, so auch das EM-Finale 1968 und ganze vier Finale der UEFA Champions League.

OLYMPIASTADION BAKU

Land: Aserbaidschan
Stadt: Baku **Kapazität:** 69 000
Spiele der UEFA EURO 2020:
3 × Gruppe A, 1 × Viertelfinale

Aserbaidschan hat eine lange Fußballtradition. Tatsächlich wurden bei der Grundsteinlegung für das Olympiastadion Baku *(unten im Bild)* im Juni 2011 gleichzeitig 100 Jahre Fußball im Land gefeiert! 2019 fand in dieser großartigen Anlage das Endspiel der UEFA Europa League zwischen den Londoner Vereinen Chelsea und Arsenal statt.

SANKT PETERSBURG STADION

Land: Russland
Stadt: Sankt Petersburg
Kapazität: 61 000
Spiele der UEFA EURO 2020:
3 × Gruppe B, 1 × Viertelfinale

Falls du die FIFA WM 2018 verfolgt hast, wirst du das Stadion von Sankt Petersburg bereits kennen. Die kurz vor dem Turnier fertiggestellte Spielstätte hat ein auffälliges Design: Sie ähnelt einem Raumschiff! Dank moderner Technik ist das Spielfeld beweglich und das Dach verschließbar. Hier können Fans die Partien der Gruppe B und das Viertelfinale am 2. Juli sicher genießen.

PARKEN STADION
Land: Dänemark
Stadt: Kopenhagen
Kapazität: 38 000
Spiele der UEFA EURO 2020:
3 × Gruppe B, 1 × Achtelfinale

Dänemarks größtes Fußballstadion ist mit seinen 38 000 Plätzen zugleich das kleinste der UEFA EURO 2020. Doch die unglaubliche Atmosphäre dort macht die vergleichsweise geringe Größe sicher wieder wett! Im 1992 fertiggestellten Stadion wurden 1994 und 2000 bereits europäische Vereinsfußballfinale ausgetragen.

JOHAN CRUIJFF ARENA
Land: Niederlande
Stadt: Amsterdam
Kapazität: 54 000
Spiele der UEFA EURO 2020:
3 × Gruppe C, 1 × Achtelfinale

Die 1996 eröffnete Heimspielstätte des holländischen Vereins Ajax Amsterdam war das erste Stadion in Europa mit verschließbarem Dach. 2018 wurde es zu Ehren des genialen niederländischen Stürmers Johan Cruijff umbenannt. Im Jahr 2000 fanden hier fünf Endrundenpartien der EURO statt.

NATIONAL ARENA BUKAREST
Land: Rumänien
Stadt: Bukarest **Kapazität:** 54 000
Spiele der UEFA EURO 2020:
3 × Gruppe C, 1 × Achtelfinale

In der 2011 eröffneten Nationalarena Bukarest wurde nur ein Jahr später das Finale der UEFA Europa League zwischen Atlético Madrid und Athletic Bilbao ausgetragen. Auch dieses Stadion hat ein schließbares Dach und wird womöglich von bis zu 54 000 Fans zum Beben gebracht, wenn die vier EM-Partien in diesem Sommer dort angepfiffen werden.

WEMBLEY STADION
Land: England
Stadt: London **Kapazität:** 90 000
Spiele der UEFA EURO 2020:
3 × Gruppe D, 1 × Achtelfinale,
2 × Halbfinale, 1 × Finale

Als Spielstätte für ganze sieben Partien, darunter die beiden Halbfinale und das Finale, ist das Wembley Stadion *(oben)* Hauptaustragungsort der UEFA EURO 2020. In dem legendären Stadion fand bereits das Finale der EURO '96 statt, ehe es als hochmoderner Fußballtempel neu gebaut wurde. Der hohe, nachts beleuchtete Bogen über dem Feld ist ein eindrucksvoller Anblick.

HAMPDEN PARK
Land: Schottland
Stadt: Glasgow **Kapazität:** 51 000
Spiele der UEFA EURO 2020:
3 × Gruppe D, 1 × Achtelfinale

Nicht viele Stadien in Europa können sich einer glanzvollen Geschichte wie Hampden Park rühmen. Das Stadion der größten schottischen Stadt zog 1937 für die Partie Schottland gegen England fast 150 000 Zuschauer an! 1999 wurde es modernisiert und voll bestuhlt, sodass drei Jahre später das Finale der UEFA Champions League zwischen Real Madrid und Bayer Leverkusen dort stattfinden konnte.

DUBLIN ARENA
Land: Irland
Stadt: Dublin **Kapazität:** 51 000
Spiele der UEFA EURO 2020:
3 × Gruppe E, 1 × Achtelfinale

Als erstmaliger Austragungsort für Partien der EURO wird in der Stadt im Juni bei den vier angesetzten Spielen in der Dublin Arena der Trubel groß sein. Seit 2011 ist sie die Heimspielstätte der irischen Nationalmannschaft und mit über 50 000 Plätzen ein Garant für eine berauschende Atmosphäre bei großen Spielen.

STADION SAN MAMÉS
Land: Spanien
Stadt: Bilbao **Kapazität:** 53 000
Spiele der UEFA EURO 2020:
3 × Gruppe E, 1 × Achtelfinale

Das 2013 erbaute Stadion in Bilbao kann durchaus mit der Münchner Arena mithalten, was das farbenprächtigste Stadion des Turniers angeht. Von außen beleuchtet bietet es nachts einen spektakulären Anblick! So groß wie die Spielstätten in Barcelona und Madrid ist es nicht, aber Glanz und Geschichte machen es zum idealen Ort für die vier in Spanien angesetzten Partien der UEFA EURO 2020.

FUßBALL ARENA MÜNCHEN
Land: Deutschland
Stadt: München **Kapazität:** 70 000
Spiele der UEFA EURO 2020:
3 × Gruppe F, 1 × Viertelfinale

Deutschland hat eine lange Historie als Ausrichter großer internationaler Fußballturniere, darunter auch die EURO '88 und zwei FIFA Weltmeisterschaften. Die 2005 gebaute Fußball Arena München ist visuell eindrucksvoll und wirkt nicht zuletzt durch die 16 Millionen LEDs, die die Fassade beleuchten können, geradezu futuristisch. Die vier Partien hier werden sicher unvergesslich.

PUSKÁS ARÉNA
Land: Ungarn
Stadt: Budapest **Kapazität:** 65 000
Spiele der UEFA EURO 2020:
3 × Gruppe F, 1 × Achtelfinale

Es gab nur einen Fußballer, nach dem Ungarn sein brandneues Stadion hätte benennen können: Ferenc Puskás, Superstar der 1950er und 60er als Nationalspieler und bei Real Madrid. Die 2019 eröffnete Anlage *(unten)* steht am Ort des alten Népstadions („Volksstadion") in Budapest. Bei der EURO 2020 finden drei Gruppenspiele und ein Achtelfinale hier statt.

60-JÄHRIGES JUBILÄUM

Die UEFA veranstaltet die Fußball-Europameisterschaft in mehreren Ländern, um damit auf einmalige Weise zu feiern, dass sich das Turnier 2020 zum 60. Mal jährte. Werfen wir einen Blick zurück auf EURO-Highlights der letzten 60 Jahre.

TORSCHÜTZENKÖNIG

Cristiano Ronaldo hat in den EURO-Endrunden der Turniere in den Jahren 2016, 2012, 2008 und 2004 ganze neun Tore geschossen. Er teilt sich diesen Rekord mit dem Franzosen Michel Platini.

LINKS: Portugals Cristiano Ronaldo feiert sein Tor gegen Ungarn bei der EURO 2016.

RECHTS: Fußballstar Michel Platini behauptet bei der EURO '84 im Spiel gegen Portugal den Ball.

JUNG UND ALT

Bei den beiden letzten Europameisterschaften waren der jeweils jüngste und älteste Spieler am Start. 2016 trat der ungarische Torhüter Gábor Király im Alter von 40 Jahren und 74 Tagen an. Der Niederländer Jetro Willems hingegen war bei der UEFA EURO 2012 gerade einmal 18 Jahre und 71 Tage alt.

REKORDSIEG IM FINALE

Spanien hält den Rekord für den höchsten Sieg in einem Finale der UEFA-Europameisterschaft. 2012 besiegte die Mannschaft das Team von Italien 4:0.

GROSSARTIGES DEUTSCHLAND

Die Bundesrepublik Deutschland behauptet stolz eine ganze Reihe von EM-Rekorden. Bei den beachtlichen 12 Teilnahmen an einer Endrunde der EURO erzielte der dreimalige Meister ganze 72 Tore, spielte 49 Partien und fuhr 26 Siege ein!

BLITZTOR

Den Rekord für das schnellste Tor nach dem Anstoß hält der Russe Dmitri Kiritschenko. Bei der EURO 2004 traf er nach nur 67 Sekunden gegen Griechenland. Russland gewann 2:1.

LINKS: Der Spanier David Villa feiert bei der EURO 2008 sein Tor gegen Russland.

HATTRICK-HELDEN

Nur sieben Spielern gelang bei einer Partie der EURO ein Hattrick (drei Tore in einem Spiel). Der letzte war der spanische Stürmer David Villa, der mit seinen Toren bei der UEFA EURO 2008 dazu beitrug, Russland 4:1 zu schlagen.

ALTE BEKANNTE

17 Spieler können die Teilnahme an ganzen vier Endrunden der EURO für sich verbuchen, darunter Gianluigi Buffon (Italien), Zlatan Ibrahimović (Schweden), Peter Schmeichel (Dänemark) und Petr Čech (Tschechien). Spaniens Iker Casillas spielte 2012, 2008 und 2004. 2000 und 2016 war er auch im Kader, spielte aber nicht.

GIB MIR FÜNF!

Nur zwei Nationen sind bei einer einzigen EM-Endrunde fünf Siege gelungen. Frankreich konnte dies dreimal für sich verbuchen: 1984, 2000 und 2016. 2008 sicherte sich Spanien in fünf von sechs Partien einen Sieg.

FLINKER ELFER

Der Ire Robbie Brady verwandelte bei der EURO 2016 einen frühen Elfmeter gegen Frankreich. Nur 118 Sekunden nach Anpfiff des Achtelfinals traf er vom Punkt aus! Leider verlor sein Team 1:2.

UNTEN: Robbie Brady tritt zum Elfmeter an, um Irland bei der EURO 2016 früh gegen Frankreich in Führung zu bringen.

FINALRUHM

In der Geschichte der EM wurde zehn Nationen das besondere Gefühl zuteil, als Meister den Henri-Delaunay-Pokal in die Höhe heben zu dürfen. Deutschland und Spanien haben ganze drei Titel errungen, Frankreich war zweimal siegreich.

RECHTS: Dänemarks Brian Laudrup lässt bei der EURO '92 im Finale gegen Deutschland Guido Buchwald hinter sich.

UEFA EURO 2016
Meister: Portugal
Vizemeister: Frankreich

Portugal holte sich gegen Frankreich mit einem Sieg in der Verlängerung erstmals den Titel – eine kleine Überraschung nach drei Unentschieden in der anfänglichen Gruppenphase.

UEFA EURO 2012
Meister: Spanien
Vizemeister: Italien

Diese zwei Fußballriesen trafen bereits im Auftaktspiel der Gruppe C aufeinander, das 1:1 endete. Beide schafften es bis ins Finale, wo Spanien dann einen 4:0-Sieg davontrug!

UEFA EURO 2008
Meister: Spanien
Vizemeister: Deutschland

Ein Tor des Stürmers Fernando Torres in der ersten Halbzeit genügte den Spaniern, um Deutschlands Lauf bei der EM im Finale im österreichischen Wien zu stoppen.

UEFA EURO 2004
Meister: Griechenland
Vizemeister: Portugal

Ein Kopfball von Angelos Charisteas zum 1:0 ließ die Griechen in Lissabon siegreich aus der Partie gegen Favorit und Gastgeber Portugal hervorgehen. Griechenland hatte auch das Eröffnungsspiel der EM gegen Portugal gewonnen!

UEFA EURO 2000
Meister: Frankreich
Vizemeister: Italien

Das vielleicht atemraubendste EM-Finale aller Zeiten! Frankreich schaffte in der Nachspielzeit den Ausgleich, schoss dank David Trezeguet das Golden Goal und ließ die französischen Fans jubeln.

UEFA EURO '96
Meister: Deutschland
Vizemeister: Tschechien

Das erste Golden Goal in der EM-Geschichte schoss Deutschland. Der eingewechselte Stürmer Oliver Bierhoff sorgte in der regulären Spielzeit für den Ausgleich, ehe er in der Verlängerung den historischen Siegtreffer landete.

UEFA EURO '92
Meister: Dänemark
Vizemeister: Deutschland

Die Dänen stiegen spät ins Turnier ein, überraschten aber die ganze Welt, als sie sich schließlich den Meistertitel holten! Ihren 2:0-Sieg im Finale verdankten sie den Toren von John Jensen und Kim Vilfort.

UEFA EURO '88
Meister: Niederlande
Vizemeister: UdSSR
Ihren einzigen internationalen Titel holten sich die Niederlande mit Legenden wie Ruud Gullit, Marco van Basten und Ronald Koeman. Van Bastens berühmter, volley genommener Schuss verhalf den Holländern zum 2:0-Sieg im Finale.

UEFA EURO '84
Meister: Frankreich
Vizemeister: Spanien
„Les Bleus"-Fans werden sich an dieses actiongeladene EM-Finale im eigenen Land wohl ewig erinnern. Der 2:0-Sieg gegen Spanien sicherte Frankreich den ersten großen Titel auf internationalem Parkett.

UEFA EURO '80
Meister: Deutschland
Vizemeister: Belgien
Deutschland machte es 1980 spannend und erzielte den Siegtreffer zum 2:1 gegen Belgien erst in der 88. Minute durch Horst Hrubesch.

UEFA EURO '76
Meister: Tschechoslowakei
Vizemeister: Deutschland
Mit einem späten Tor erzwang Deutschland eine Verlängerung des spannenden Finales. Schließlich ging es ins Elfmeterschießen, wo das Team der Tschechoslowakei die Nerven behielt und es mit 5:3 gewann.

UEFA EURO '72
Meister: Deutschland
Vizemeister: UdSSR
Bei der zweiten Teilnahme an einer UEFA-Europameisterschaft schaffte es Deutschland mit Spielstärke zum 3:0-Sieg über die UdSSR und holte sich den Pokal.

UEFA EURO '68
Meister: Italien
Vizemeister: Jugoslawien
1968 musste zum einzigen Mal ein EM-Finale wiederholt werden. Nach einem 1:1 im ersten Spiel sicherte sich Italien mit einem 2:0 in Rom erstmalig den Titel.

UEFA EURO '64
Meister: Spanien
Vizemeister: UdSSR
1964 standen nur vier Mannschaften in der Endrunde: Dänemark, Ungarn, Spanien und die UdSSR. Spanien erwies sich mit einem 2:1 im Halbfinale und auch im Endspiel als stärkstes Team und holte sich den Titel.

UEFA EURO '60
Meister: UdSSR
Vizemeister: Jugoslawien
Der UdSSR (Sowjetunion, heute Russland) wurde die Ehre zuteil, erster Europameister zu werden, als das Turnier 1960 erstmals ausgetragen wurde. Nach einem Rückstand gewann die Mannschaft im Parc des Princes in Paris letztlich in der Nachspielzeit 2:1.

LEGENDÄRE EUROPAMEISTER

Sergio Ramos
Meister: 2012, 2008

Rainer Bonhof
Meister: 1980, 1972

Ruud Gullit
Meister: 1988

Cristiano Ronaldo
Meister: 2016

Didier Deschamps
Meister: 2000

Brian Laudrup
Meister: 1992

RECHTS: Der Niederländer Ruud Gullit *(l.)* und Didier Deschamps aus Frankreich *(r.)* durften den Henri-Delaunay-Pokal bereits halten.

GROSSE AUSZEICHNUNGEN

Während alle 24 Teams bei der UEFA EURO 2020 am Ende den Henri-Delaunay-Pokal in Händen halten wollen, gibt es beim großen Fußballfest dieses Sommers weitere Ehren zu erringen. So werden auch der beste Torschütze, herausragendes Teamplay und individuelle Leistungen ausgezeichnet.

UNTEN: Kapitän Cristiano Ronaldo winkt bei der EURO 2016 nach Portugals Sieg den Fans zu.

RECHTE SEITE, UNTEN: Portugals Star Renato Sanches verwandelt bei der EURO 2016 einen Strafstoß.

RECHTS: Englands Stürmer Harry Kane gibt alles bei einem Qualifikationsspiel der EURO 2020 gegen Tschechien.

BESTER TORSCHÜTZE

Der Spieler, der im Turnier die meisten Tore erzielt, gewinnt den Alipay Top Scorer Award. Diese Trophäe haben Toptorjäger wie der Engländer Harry Kane, der Spanier Álvaro Morata und der Pole Robert Lewandowski sicher schon im Blick. Mit sechs Treffern war bei der UEFA EURO 2016 die französische Tormaschine Antoine Griezmann bester Torschütze.

BESTER JUNGER SPIELER

Die Technischen Beobachter der UEFA werden die jungen Spieler diesen Sommer besonders im Blick haben. Wer am oder nach dem 1. Januar 1999 geboren ist, kann durch hochklassige Leistung zum besten jungen Spieler gekürt werden. 2016 war dies der portugiesische Fußballstar Renato Sanches.

BESTER SPIELER

Der Spieler, der die beste Leistung gebracht hat, wird zum „Spieler des Turniers“ gewählt. Spieler, die viele Tore schießen, eine weiße Weste behalten, den Spielverlauf nachhaltig beeinflussen oder große Führungsqualitäten zeigen, sind allesamt im Rennen für diese Auszeichnung. Zu den Favoriten zählen diesmal unter anderem der Belgier Eden Hazard und der Franzose Paul Pogba.

MANNSCHAFTSMIX

Wer schafft es bei der EURO 2020 wohl in die „Mannschaft des Turniers“? Die 11 besten, von einer Jury gewählten Spieler der EM erhalten einen Platz in dieser Spitzenelf. Bei der EURO 2016 schafften dies beeindruckenderweise gleich vier portugiesische Fußballstars.

MEGA-MATCH

Nach jeder Partie der EURO wird ein Spieler zum „Man of the Match“ gekürt. Sieben Spieler, darunter Cristiano Ronaldo und Antoine Griezmann, ergatterten diese Auszeichnung bei der EURO 2016 gleich zweimal. Schaffen sie es dieses Jahr wieder?

GRUPPE A

TÜRKEI

Die Türkei will unter die letzten acht!

2019 sicherten sich die „Mond-Sterne“ ihren Platz bei der UEFA EURO 2020 nach einem torlosen Unentschieden gegen Island. Die Mannschaft mit ihrer starken Abwehr setzt in Sachen Offensive auf Stürmer Cenk Tosun und Veteran Burak Yılmaz, doch auch Verteidiger Kaan Ayhan wird zur Gefahr, wenn er im Strafraum auftaucht. Hakan Çalhanoğlu vom AC Mailand ist außen wie im Zentrum des offensiven Mittelfelds gefährlich, und wenn er Freistöße und Ecken ausführt, ist Vorsicht geboten. Die Türkei wird es ihren Gegnern sehr schwer machen und mit scharfen Kontern für Probleme sorgen.

DIE MANNSCHAFT

KAPITÄN: Emre Belözoğlu
TRAINER: Şenol Güneş
WEG ZUR UEFA EURO 2020: Zweiter der Gruppe H
FRÜHERE TEILNAHMEN: 4
BESTES ERGEBNIS: Halbfinale 2008

IM AUGE BEHALTEN …

CENK TOSUN: Zuverlässiger Torjäger
ÇAĞLAR SÖYÜNCÜ: Starker junger Verteidiger
HAKAN ÇALHANOĞLU: Exzellenter Passgeber und Freistoßspezialist

1996

Im Jahr 1996 erreichte die Türkei erstmals eine EURO-Endrunde. 2020 spielt sie ihre mittlerweile fünfte Europameisterschaft.

UNTEN: Die Türkei stellt sich vor einem Quali-Spiel fürs Teamfoto auf.

RECHTS: Stürmer Burak Yılmaz ist der erfahrenste Spieler im Kader.

GRUPPE A

ITALIEN

Die „Azzurri“ hoffen darauf, ihr viertes Finale einer EURO zu erreichen!

Nachdem Italien sich nicht für die FIFA WM 2018 qualifizieren konnte, will man nun unter Beweis stellen, wieder zu Bestleistungen fähig zu sein. Die „Azzurri“ waren 2012 und 2000 Vizeeuropameister, doch viele Spieler im aktuellen Kader nehmen erstmals an einem großen internationalen Turnier teil. Die Torjäger Fabio Quagliarella, Lorenzo Insigne und Andrea Belotti trafen alle in der Qualifikation, wo die Italiener zudem die maximale Punkteausbeute einfuhren. Sie haben auch bereits großen Teamgeist bewiesen und schlugen in ihrer Gruppe nach einem Rückstand noch Bosnien-Herzegowina und Armenien.

9

Italien verzeichnete einen der größten Siege der Teamgeschichte, als sie Armenien bei der Qualifikation für die EURO 2020 mit 9:1 vom Platz fegten.

DIE MANNSCHAFT

KAPITÄN: Giorgio Chiellini
TRAINER: Roberto Mancini
WEG ZUR UEFA EURO 2020: Erster der Gruppe J
FRÜHERE TEILNAHMEN: 9
BESTES ERGEBNIS: Meister 1968

IM AUGE BEHALTEN …

ANDREA BELOTTI: Ehrgeiziger Stürmer
JORGINHO: Mittelfeldspieler, der das Tempo vorgeben kann
GIANLUIGI DONNARUMMA: Starker junger Torhüter

RECHTS: Emerson spielt hauptsächlich als linker Verteidiger, ist aber auch ein guter Linksaußen.

UNTEN: Italien stellt sich vor dem Qualifikationsspiel gegen Bosnien-Herzegowina auf.

GRUPPE A

WALES

Die „Dragons“ stehen bereit, dieses Jahr für eine weitere Überraschung zu sorgen!

Nachdem Wales bei der UEFA EURO 2016 (dem erstem Auftritt bei einer EM-Endrunde) bis ins Halbfinale gestürmt ist, möchte man in diesem Sommer für noch mehr Überraschung sorgen. Enorme Erwartungen lasten auf dem Spitzenduo Gareth Bale und Aaron Ramsey, aber auch Spieler wie Daniel James, Joe Allen und der aufstrebende Kieffer Moore werden eine Rolle spielen. Trainer Ryan Giggs spielte selbst auf Höchstniveau für Manchester United und wird es genießen, sein Land ins Turnier zu führen.

DIE MANNSCHAFT

KAPITÄN: Ashley Williams
TRAINER: Ryan Giggs
WEG ZUR UEFA EURO 2020: Zweiter der Gruppe E
FRÜHERE TEILNAHMEN: 1
BESTES ERGEBNIS: Halbfinale 2016

IM AUGE BEHALTEN ...

AARON RAMSEY: Hat im Mittelfeld das Tor im Blick
GARETH BALE: Weltklasse im Abschluss
DANIEL JAMES: Schneller, fähiger Flügelspieler

LINKS: Joe Allen hat die Fähigkeit, das Spieltempo im Mittelfeld zu diktieren.

1

In so vielen Quali-Spielen der EURO 2020 standen Bale und Ramsey gemeinsam in der Startelf: dem wichtigen 2:0-Sieg gegen Ungarn.

UNTEN: Superstar Gareth Bale *(vordere Reihe, 3. von links)* führt im Sturm den Waliser Angriff an.

GRUPPE A

SCHWEIZ

Die Schweizer „Nati“ strotzt vor starken Spielern im Mittelfeld!

Der Mannschaftsgeist der Schweizer ist wohl ihre größte Stärke – etliche Spieler trugen mit Toren dazu bei, sich als Erster der Gruppe D für die UEFA EURO 2020 zu qualifizieren. Das Premier-League-Duo Granit Xhaka und Xherdan Shaqiri kommt zusammen auf über 160 Länderspieleinsätze und sorgt für Power im Mittelfeld, Denis Zakaria und Cedric Itten präsentieren sich als vielversprechende junge Spieler. Zakaria spielte in allen acht Partien und verstärkt das defensive Mittelfeld, indem er große Räume abdeckt und mit seinen Pässen und Tacklingqualitäten das Spiel beeinflusst.

15

So viele verschiedene Spieler trafen in den acht Qualifikationsspielen der EURO 2020 für die Schweiz.

UNTEN: Die Schweiz stellt sich vor dem Quali-Spiel 2019 gegen Dänemark für ein Teamfoto auf.

DIE MANNSCHAFT

KAPITÄN: Granit Xhaka
TRAINER: Vladimir Petković
WEG ZUR UEFA EURO 2020: Erster der Gruppe D
FRÜHERE TEILNAHMEN: 4
BESTES ERGEBNIS: Achtelfinale 2016

IM AUGE BEHALTEN ...

GRANIT XHAKA: Treibende Kraft im Mittelfeld
XHERDAN SHAQIRI: Mittelfeldspieler mit Torgefahr
CEDRIC ITTEN: Starker Stürmer in der Qualifikation

RECHTS: Denis Zakaria verleiht der Abwehr vom defensiven Mittelfeld aus mehr Stärke.

GRUPPE B

DÄNEMARK

Ihre Abwehr muss eng zusammenstehen, damit die Dänen weit kommen.

Dänemark setzte auf eine starke Abwehr und Spielmacher Christian Eriksen, um sich einen Platz bei der UEFA EURO 2020 zu sichern. Mit einem engen 1:1 gegen Irland zogen die Dänen in die Endrunde ein, wobei sie in der Qualifikation eindrucksvollerweise nur sechs Gegentore kassierten. Die Offensivabteilung aus Martin Braithwaite, Kasper Dolberg, Yussuf Poulsen und Christian Gytkjær – der für seinen ehemaligen Verein Lech Posen in Polen viele Tore erzielte – hofft auf eine reiche Torausbeute in diesem Sommer.

29

So viele Jahre ist es her, dass Kasper Schmeichels Vater Peter Dänemark zum Titel bei der EURO '92 verhalf.

DIE MANNSCHAFT

KAPITÄN: Simon Kjær
TRAINER: Kasper Hjulmand
WEG ZUR UEFA EURO 2020: Zweiter der Gruppe D
FRÜHERE TEILNAHMEN: 8
BESTES ERGEBNIS: Meister 1992

IM AUGE BEHALTEN ...

CHRISTIAN ERIKSEN: Kreativer Rechtsfuß im Mittelfeld
KASPER SCHMEICHEL: Starke Präsenz im Tor
SIMON KJÆR: Schlüsselspieler im Herzen der Abwehr

LINKS: Offensivkraft Martin Braithwaite kann zentral und außen spielen.

UNTEN: Verteidiger Simon Kjær *(hintere Reihe, 2. von rechts)* ist Kapitän der Dänen.

GRUPPE B

FINNLAND

Die Newcomer des Turniers wollen in diesem Sommer alles geben!

Finnland hat zwar noch nie bei einer UEFA-Europameisterschaft gespielt, sich aber in der Qualifikation das Recht erkämpft, sich dieses Jahr mit den stärksten europäischen Teams zu messen. Die Finnen wollen wiederholen, was Island, ihr nordischer Rivale, vor vier Jahren schaffte, und einen unvergesslichen Einstand abliefern. Teemu Pukki, Finnlands wichtigster Stürmer, schoss in der Qualifikation 10 der 16 Tore der Finnen. Auch der junge Mittelfeldspieler Fredrik Jensen traf in seinen ersten drei Spielen zweimal, und der eindrucksvolle Torhüter Lukáš Hrádecký behielt, auch dank einer stark auftretenden Abwehr, sechsmal eine weiße Weste.

DIE MANNSCHAFT

KAPITÄN: Tim Sparv
TRAINER: Markku Kanerva
WEG ZUR UEFA EURO 2020: Zweiter der Gruppe J
FRÜHERE TEILNAHMEN: Keine
BESTES ERGEBNIS: –

IM AUGE BEHALTEN ...

TEEMU PUKKI: Erstklassig im Abschluss
FREDRIK JENSEN: Gefahr im Angriff
LUKÁŠ HRÁDECKÝ: Imposanter Torhüter

LINKS: Der defensive Mittelfeldspieler und Kapitän Tim Sparv sorgt im Team für Disziplin.

34

In der Geschichte der Europameisterschaft ist Finnland die 34. Nationalmannschaft, die eine Endrunde der EURO erreicht.

UNTEN: Finnland nimmt dieses Jahr erstmalig an einer EM-Endrunde teil.

GRUPPE B

BELGIEN

Die „Roten Teufel“ zählen zu den Spitzenteams des diesjährigen Turniers!

Mit Torjägern und kreativen Spielern wie Eden Hazard, Kevin De Bruyne, Romelu Lukaku und Michy Batshuayi ist Belgien für jedes andere Land ein gefährlicher Gegner! Das Rückgrat dieses fantastischen Teams spielt seit Jahren zusammen und sorgt dafür, dass Belgien zu den Favoriten gehört, den Henri-Delaunay-Pokal am 11. Juli in Händen zu halten. Die Roten Teufel gewannen alle zehn Partien der Qualifikation, erzielten grandiose 40 Tore und kassierten nur drei Gegentore – ein Beweis, dass sie in der Abwehr wie im Angriff erstklassig aufgestellt sind. Fans auf der ganzen Welt genießen das flüssige und angriffslustige Spiel der Belgier.

DIE MANNSCHAFT

KAPITÄN: Eden Hazard
TRAINER: Roberto Martinez
WEG ZUR UEFA EURO 2020: Erster der Gruppe I
FRÜHERE TEILNAHMEN: 5
BESTES ERGEBNIS: Vizemeister 1980

IM AUGE BEHALTEN ...

DRIES MERTENS: Erfahrener Stürmer mit feinem Fuß
DIVOCK ORIGI: Wirkungsvoller Einwechselspieler
JAN VERTONGHEN: Starker Verteidiger und auch im gegnerischen Strafraum gefährlich

RECHTS: Innenverteidiger Toby Alderweireld bringt Erfahrung in Belgiens Abwehr ein.

9

Die belgische Mannschaft hat sich am 10. Oktober 2019 mit einem 9:0-Sieg gegen San Marino als erste für die UEFA EURO 2020 qualifiziert.

UNTEN: Kapitän der Belgier ist Topspieler Eden Hazard *(vordere Reihe, ganz rechts).*

GRUPPE B

RUSSLAND

Nationalmannschaft mit Stärke und Disziplin!

Bei der FIFA WM 2018 fuhr Russland auf dem Weg ins Viertelfinale bereits starke Siege gegen Saudi-Arabien, Ägypten und Spanien ein. Nun will man sich gegen rein europäische Spitzenteams beweisen. In der Qualifikation belegte die Mannschaft den zweiten Platz hinter Belgien, erzielte 33 Tore und kassierte selbst nur acht. Nach dem Ausscheiden von Igor Akinfejew trägt nun erstmalig Torjäger Artjom Dsjuba bei einem großen Turnier die Kapitänsbinde. Seine neun Tore waren in der Qualifikation wichtig für das Weiterkommen des Teams – bei der EM wird er zweifelsohne vor und im Strafraum gefährlich sein. Auch die Mittelfeldspieler Alexander Golowin und Denis Tscheryschew können bei schnellen Kontern nach vorne stürmen.

DIE MANNSCHAFT

KAPITÄN: Artjom Dsjuba
TRAINER: Stanislaw Tschertschessow
WEG ZUR UEFA EURO 2020: Zweiter der Gruppe I
FRÜHERE TEILNAHMEN: 11 (davon 6 als UdSSR)
BESTES ERGEBNIS: Meister 1960 (als UdSSR)

IM AUGE BEHALTEN …

ALEXANDER GOLOWIN: Klasse Mittelfeldspieler, der die Stürmer unterstützt
GEORGI DSCHIKIJA: Organisiert die Abwehr
DENIS TSCHERYSCHEW: Gefährlicher Linksfuß

5

Die Teilnahme an der EURO 2020 ist für Russland die fünfte in Folge bei einer UEFA-Europameisterschaft.

LINKS: Russlands Kapitän Artjom Dsjuba führt auch den Angriff seines Teams an.

UNTEN: Russland stellt sich vor dem Qualifikationsspiel gegen Zypern auf.

GRUPPE C

NIEDERLANDE

„Oranje" kehrt auf die große Bühne zurück!

Trotz eines guten Kaders verpassten die Niederlande die Teilnahme an der UEFA EURO 2016 und der FIFA WM 2018. Doch mit Frank de Boer am Ruder und nach der tollen Arbeit von Ronald Koeman, bevor er zu Barcelona wechselte, haben sich die Niederlande stark verbessert, können solide verteidigen und blitzschnelle Konter fahren. Memphis Depay, Ryan Babel, Georginio Wijnaldum, Frenkie de Jong und Luuk de Jong bilden den für Tore sorgenden kreativen Kern, Kapitän Virgil van Dijk steht im Herzen der starken Abwehr.

4

So viele Tore schossen die Niederlande bei einem Qualifikationsspiel gegen Deutschland in Halbzeit zwei und gewannen am Ende 4:2.

DIE MANNSCHAFT

KAPITÄN: Virgil van Dijk
TRAINER: Frank de Boer
WEG ZUR UEFA EURO 2020: Zweiter der Gruppe C
FRÜHERE TEILNAHMEN: 9
BESTES ERGEBNIS: Meister 1988

IM AUGE BEHALTEN ...

GEORGINIO WIJNALDUM: Mittelfeldspieler mit dem Tor im Blick
RYAN BABEL: Konterspieler, der gern Vorlagen liefert
MATTHIJS DE LIGT: Bildet ein starkes defensives Duo mit Virgil van Dijk

RECHTS: Stürmer Memphis Depay führt gefährliche Freistöße aus.

UNTEN: Die Niederlande stellen sich vor dem Qualifikationsspiel gegen Nordirland für das Teamfoto auf.

GRUPPE C

UKRAINE

Die Ukraine qualifizierte sich mit Bravour!

Die Ukraine scheint sich gegenüber der UEFA EURO 2016 und 2012 gesteigert zu haben. Kreative Spieler wie Jewhen Konopljanka, im defensiven Mittelfeld unterstützt von Taras Stepanenko, sind Talente, die die Mannschaft erstmals die Gruppenphase überstehen lassen könnten. Erfolgsentscheidend wird im Angriff das Duo aus Andrij Jarmolenko und Oleksandr Sintschenko sein. Der bei seinem Club Manchester City meist in der Abwehr spielende Sintschenko agiert international im zentralen Mittelfeld und gehörte in der Qualifikation bereits zu den Torschützen.

DIE MANNSCHAFT

KAPITÄN: Andrij Pjatow
TRAINER: Andrij Schewtschenko
WEG ZUR UEFA EURO 2020: Erster der Gruppe B
FRÜHERE TEILNAHMEN: 2
BESTES ERGEBNIS: Gruppenphase

IM AUGE BEHALTEN ...

ANDRIJ JARMOLENKO: Genialer Außenstürmer
OLEKSANDR SINTSCHENKO: Kann in Abwehr und Angriff eingesetzt werden
JEWHEN KONOPLJANKA: Mittelfeldspieler mit Blick aufs Tor

GANZ LINKS: Die Ukraine stellt sich vor einem Quali-Spiel der Gruppe B für ein Teamfoto auf.

LINKS: Torhüter und Kapitän Andrij Pjatow führt seine Mannschaft von hinten an.

19

Oleksandr Sintschenko ist der jüngste Torschütze der Ukraine. Er war 19 Jahre und 214 Tage alt, als er auf internationaler Bühne sein erstes Tor schoss.

GRUPPE C

ÖSTERREICH

Die Jungs in Rot wollen bei der UEFA EURO 2020 die großen Teams schlagen!

Österreich will sich gegenüber der EURO 2016 und 2008 (den einzigen Teilnahmen an einer Endrunde) steigern und den ersten Sieg im Turnier verbuchen. Franco Fondas Team hat jede Chance dazu, zeigte man sich als Zweiter der Gruppe G in der Qualifikation doch recht stark – auch wenn die Mannschaft mit Niederlagen gegen Polen und Israel startete. Marko Arnautović ist Österreichs Waffe im Angriff, unterstützt von Marcel Sabitzer, der bei RB Leipzig eine eindrucksvolle Saison in der deutschen Bundesliga spielte. Die Abwehr liegt vor allem in den Händen von Aleksandar Dragović und Martin Hinteregger.

DIE MANNSCHAFT

KAPITÄN: Julian Baumgartlinger
TRAINER: Franco Foda
WEG ZUR UEFA EURO 2020: Zweiter der Gruppe G
FRÜHERE TEILNAHMEN: 2
BESTES ERGEBNIS: Gruppenphase

IM AUGE BEHALTEN ...

MARCEL SABITZER: Gut in Mittelfeld und Angriff
DAVID ALABA: Vielseitiger Linksfuß
MARKO ARNAUTOVIĆ: Auch technisch starker Stürmer

RECHTS: Kapitän Julian Baumgartlinger spielte eine wichtige Rolle in der EM-Qualifikation.

7

Stürmerstar Marko Arnautović trägt für die Nationalmannschaft das Trikot mit der Nr. 7 – wie bei seinem Verein Shanghai SIPG.

UNTEN: Österreich stellt sich vor dem Qualifikationsspiel gegen Slowenien für das Teamfoto auf.

GRUPPE C

NORDMAZEDONIEN

Spannende Zeiten für neue Anwärter in der K.-o.-Runde!

Als Goran Pandev den Ball zum 1:0-Sieg über Georgien im November einnetzte, besiegelte er Nordmazedoniens ersten Auftritt in einem großen Turnier. Igor Angelovskis Team war vor diesem Playoffs-Finalsieg gut in Form und blieb dank der robusten Verteidigung und des Teamgeists sechs Spiele lang ungeschlagen. Ezglan Alloski von Leeds United bleibt die treibende Kraft im Mittelfeld, und Aleksandar Trajkovski unterstützt Pandev bei Vorstößen in den Strafraum. Was Nordmazedonien an EM-Erfahrung fehlt, macht es mit Begeisterung, Energie und Fleiß wett.

36

Kapitän Goran Pandev ist der Rekord-Torschütze, der seit 2001 36 Tore in 114 Spielen erzielte.

DIE MANNSCHAFT:

KAPITÄN: Goran Pandev
TRAINER: Igor Angelovski
WEG ZUR UEFA EURO 2020: UEFA Nations League, Weg D Play-offs-Finalsieg
FRÜHERE TEILNAHMEN: keine
BESTES ERGEBNIS: Debüt

IM AUGE BEHALTEN ...

ELJIF ELMAS: Junger Spielmacher mit großem Weitblick
EZGJAN ALIOSKI: Energiegeladen und kreativ
ALEKSANDAR TRAJKOVSKI: Gefährlicher rechter Fuß in Strafraumnähe

RECHTS: Kapitän Goran Pandev führt Nordmazedoniens Angriff bei der EURO 2020.

OBEN: Nordmazedonien stellt sich vor dem EURO 2020 Qualifikationsspiel gegen Armenien zum Teamfoto auf.

GRUPPE D

ENGLAND

Die „Three Lions“ auf der Fährte zum Ruhm!

England gab bereits in der Qualifikation für frühere Turniere eine gute Figur ab und wurde wieder Gruppenerster. Die „Three Lions“ sind ein starkes Team, gespickt mit Stars aus der Premier League, die jede Verteidigung auf die Probe stellen können. Harry Kane, Raheem Sterling und Marcus Rashford bilden ein gefährliches Trio im Sturm, unterstützt von Talenten wie Jadon Sancho und Mason Mount. Trainer Gareth Southgate scheut sich nicht, System und Mannschaft umzustellen, und mit tollen Spielern wie Liverpools Trent Alexander-Arnold, die um die Außenverteidigerposition wetteifern, hat er die Option, Englands Angriffsstärke noch zu verbessern. Da das Finale diesmal in Wembley stattfindet, haben die Engländer einen zusätzlichen Ansporn, bis zum Ende im Turnier zu bleiben.

UNTEN: England stellt sich vor dem Qualifikationsspiel gegen Tschechien auf.

24

England erreichte zum letzten Mal vor 24 Jahren das Halbfinale einer EURO. Dort verloren sie 1996 gegen Deutschland im Elfmeterschießen.

DIE MANNSCHAFT

KAPITÄN: Harry Kane
TRAINER: Gareth Southgate
WEG ZUR UEFA EURO 2020: Erster der Gruppe A
FRÜHERE TEILNAHMEN: 9
BESTES ERGEBNIS: 3. Platz 1968

IM AUGE BEHALTEN ...

HARRY KANE: Gefahr im Strafraum
RAHEEM STERLING: Torjäger mit flinken Füßen
JADON SANCHO: Schneller Youngster mit toller Technik

RECHTS: Stürmer Marcus Rashford sorgt in Englands Angriff für Tempo und Energie.

GRUPPE D

KROATIEN

Diese Turniermannschaft fürchtet keinen!

Kroatien hat noch nie das Halbfinale einer UEFA-Europameisterschaft erreicht, aber ist dennoch überzeugt, dieses Jahr einen starken Auftritt hinzulegen. Der Vizemeister der FIFA WM 2018 kann sich auf erfahrene Stars wie Luka Modrić, Ivan Perišić und Mateo Kovačić stützen – und das Talent ihres aufstrebenden Spitzenstürmers Bruno Petković. In der Qualifikation haben die Kroaten nicht so stark gepunktet wie England oder Belgien, doch die Mannschaft in den rot-weiß karierten Trikots kann Weltklassegegner schlagen, wenn sie in einem Turnier alles gibt.

DIE MANNSCHAFT

KAPITÄN: Luka Modrić
TRAINER: Zlatko Dalić
WEG ZUR UEFA EURO 2020: Erster der Gruppe E
FRÜHERE TEILNAHMEN: 5
BESTES ERGEBNIS: Viertelfinale 2008 und 1996

IM AUGE BEHALTEN ...

LUKA MODRIĆ: Weltklasse-Spielmacher
IVAN PERIŠIĆ: Trickreicher Flügelspieler
BRUNO PETKOVIĆ: Großartiger Stürmer

2:1

Die ersten drei Partien der Qualifikation für die EURO 2020 endeten mit diesem Ergebnis – zwei als Sieg, eine als Niederlage.

RECHTS: Der vielseitige Mittelfeldspieler Mateo Kovačić bietet Kroatien viele Angriffsoptionen.

UNTEN: Kroatien wird von Superstar Luka Modrić *(vordere Reihe, rechts)* angeführt.

GRUPPE D

SCHOTTLAND

Nach 25 Jahren qualifiziert sich Schottland und will Eindruck schinden!

Es dauerte, bis Schottland ein großes Turnier erreichte, doch Steve Clarkes Team ist gespannt darauf, sich wieder unter Europas Beste zu mischen. Sie entwickelten in den letzten Jahren einen robusten Defensivstil mit talentierten Spielern wie Ryan Fraser und John McGinn im Angriff. Lyndon Dykes ist brandgefährlich, und Kapitän Andrew Robertson sollte man im Auge behalten, wenn er nach vorne durchstößt. Die restliche Gruppe D weiß, wie hart Schottland im Play-offs-Finale im November 2020 gegen Serbien gekämpft hat. Das beherzte Team ist fleißig und kann für die eine oder andere Aufregung sorgen.

1996

Schottlands letzter Auftritt bei einer EM war 1996, als sie es in Wembley auch mit England zu tun bekamen.

DIE MANNSCHAFT:

KAPITÄN: Andrew Robertson
TRAINER: Steve Clarke
WEG ZUR UEFA EURO 2020: UEFA Nations League, Weg C Play-offs-Finalsieg
FRÜHERE TEILNAHMEN: 2
BESTES ERGEBNIS: Gruppenphase

IM AUGE BEHALTEN ...

JOHN MCGINN: Hervorragender Passspieler im Mittelfeld
ANDREW ROBERTSON: Linksverteidiger mit spielöffnenden Pässen
LYNDON DYKES: Kopfballgefährlicher starker Stürmer

RECHTS: Ryan Fraser ist ein starker und vielseitiger Mittelfeldspieler, der auch als Rechtsverteidiger agieren kann.

UNTEN: Schottland stellt sich vor dem Spiel gegen Serbien im EURO 2020 Play-offs-Finale auf.

GRUPPE D

TSCHECHIEN

Die erfahrene Fußballnation könnte für einen Überraschungserfolg sorgen!

Tschechien zeigte in Gruppe A mit einem 2:1-Sieg gegen England Stärke (und bescherte den „Three Lions" ihre erste Niederlage in der Qualifikation seit 10 Jahren). Patrik Schick, der Erfahrung in Serie A und Bundesliga gesammelt hat, führt den Angriff an. Gegen Bulgarien schoss er einen entscheidenden Doppelpack. Kapitän Vladimír Darida kann im favorisierten 4-2-3-1-System der Tschechen ebenso ganz vorne spielen wie sich zurückfallen lassen, um das Mittelfeld im Griff zu haben. Die Tschechen haben in früheren EM-Endrunden zwar schon gute Leistungen gezeigt, doch der Stachel, bei der EURO 2016 kein Spiel gewonnen zu haben, sitzt noch tief und spornt das Team zusätzlich an.

7

Seit Tschechien 1993 unabhängig wurde, hat sich das Team für sieben EM-Teilnahmen in Folge qualifiziert.

DIE MANNSCHAFT

KAPITÄN: Vladimír Darida
TRAINER: Jaroslav Šilhavý
WEG ZUR UEFA EURO 2020: Zweiter der Gruppe A
FRÜHERE TEILNAHMEN: 9
BESTES ERGEBNIS: Meister 1976 (als Tschechoslowakei)

IM AUGE BEHALTEN ...

VLADIMÍR DARIDA: Tüchtiger Anführer im Mittelfeld
TOMÁŠ SOUČEK: Großer, geschickter Mittelfeldspieler
PAVEL KADEŘÁBEK: Klasse rechter Verteidiger

RECHTS: Mittelstürmer Patrik Schick ist bekannt für seinen starken linken Fuß.

UNTEN: Tschechien wird angeführt von Kapitän Vladimír Darida *(vordere Reihe, 2. von links).*

GRUPPE E

SPANIEN

Bei „La Roja" steht alles auf Angriff!

Mit 31 Toren und ohne Niederlage in der Qualifikation gilt Spanien zu Recht als einer der Favoriten des Turniers. Kapitän Sergio Ramos war 2012 und 2008 schon zweimal erfolgreich, und seine defensiven Qualitäten sorgen für eine starke Abwehr. Die Spanier zeichnen sich auch gegen Spitzenteams meist durch hohen Ballbesitz aus, müssen jedoch Geduld haben und auf ihre Chance warten, weil der Gegner oft tief gegen sie verteidigt. Trainer Luis Enrique hat bei der EURO 2020 womöglich den in der Breite am besten aufgestellten Kader. So dürfte er bei den ersten Partien die Qual der Wahl haben, was die Startelf angeht.

2

Spanien hat die EM im 21. Jahrhundert zweimal gewonnen – und das als einziges Land auch zweimal in Folge.

DIE MANNSCHAFT

KAPITÄN: Sergio Ramos
TRAINER: Luis Enrique
WEG ZUR UEFA EURO 2020: Erster der Gruppe F
FRÜHERE TEILNAHMEN: 10
BESTES ERGEBNIS: Meister 1964, 2008 und 2012

IM AUGE BEHALTEN ...

ÁLVARO MORATA: Schnell, robust und cool im Abschluss
JESÚS NAVAS: Gefahr aus dem rechten Mittelfeld
SERGIO BUSQUETS: Schützt die Abwehr im Mittelfeld

LINKS: Stürmer Rodrigo war bei der Qualifikation in bester Torlaune und verhalf Spanien mit zum Gruppensieg.

UNTEN: Spanien stellt sich vor dem Qualifikationsspiel gegen Norwegen für ein Teamfoto auf.

GRUPPE E

SCHWEDEN

Eine starke Qualifikation unterstreicht die Qualität des schwedischen Teams!

Schon bevor Schweden im November 2019 mit einem 2:0-Sieg gegen Rumänien einen Platz bei der UEFA EURO 2020 sicher hatte, war klar, dass die Skandinavier eine aufstrebende Mannschaft sind. Trainer Janne Andersson führte sie zur FIFA Weltmeisterschaft 2018 – ihre erste seit 12 Jahren –, ehe er sich mit ihnen in ihrer Gruppe der UEFA Nations League vor Russland und der Türkei platzierte. Im Kader finden sich zwar keine Superstars, aber entschlossene Spieler wie Robin Olsen, Victor Lindelöf und Sebastian Larsson machen die Schweden zu schweren Gegnern.

17

Alexander Isak war erst 17 Jahre alt, als er 2017 sein erstes Tor für Schweden schoss.

UNTEN: Schweden bringt sich vor dem Quali-Spiel gegen Spanien für das Teamfoto in Stellung.

DIE MANNSCHAFT

KAPITÄN: Andreas Granqvist
TRAINER: Janne Andersson
WEG ZUR UEFA EURO 2020: Zweiter der Gruppe F
FRÜHERE TEILNAHMEN: 6
BESTES ERGEBNIS: Halbfinale 1992

IM AUGE BEHALTEN …

ROBIN QUAISON: Topscorer in der Qualifikation
ALEXANDER ISAK: Eindrucksvoller junger Stürmer
ROBIN OLSEN: Torhüter mit viel Selbstvertrauen

RECHTS: Verteidiger Victor Lindelöf wird mit seinen genauen langen Pässen auch offensiv gefährlich.

GRUPPE E

POLEN

Der Kapitän der „Adler" ist ein Superstar!

Ein Sieg in den ersten vier Gruppenspielen der Qualifikation für die EURO 2020 sicherte Polen zum vierten Mal in Folge einen Platz bei einer UEFA Europameisterschaft. Der vom Stürmergespann Robert Lewandowski und Krzysztof Piątek angeführte Kader der Polen verfügt über jede Menge Turniererfahrung. Arkadiusz Milik kam mit seinen Toren für Neapel 2019–2020 groß raus, und Flügelspieler Kamil Grosicki ist ebenfalls stets für einen cleveren Pass gut. Polens Erfolg bei der EURO 2020 steht und fällt jedoch mit Kapitän Lewandowski, der überall auf dem Feld zaubern kann. Wird er Polen dieses Jahr über das Viertelfinale hinausführen?

2

Einwechselspieler trafen beim 2:0-Qualifikationssieg gegen Nordmazedonien beide Male und besiegelten so Polens Teilnahme an der EURO 2020.

DIE MANNSCHAFT

KAPITÄN: Robert Lewandowski
TRAINER: Paulo Sousa
WEG ZUR UEFA EURO 2020: Erster der Gruppe G
FRÜHERE TEILNAHMEN: 3
BESTES ERGEBNIS: Viertelfinale 2016

IM AUGE BEHALTEN ...

KRZYSZTOF PIĄTEK: Gefährlicher Stürmer
KAMIL GLICK: Chef der Verteidigung
ROBERT LEWANDOWSKI: Weltklasse-Torjäger

RECHTS: Der erfahrene Flügelspieler Kamil Grosicki spielte schon bei der EURO 2012 und 2016.

UNTEN: Robert Lewandowski *(vordere Reihe, Mitte)* ist Kapitän der polnischen Mannschaft.

GRUPPE E

SLOWAKEI

Die Falken sind entschlossen, mit ihrer Leistung bei der EURO 2016 mitzuhalten!

Die Slowakei brach den Nordirland-Fans beim Play-offs-Finale das Herz und ergatterte in der Verlängerung einen UEFA EURO 2020 Platz. In ihrer Gruppe schlugen die Slowaken Ungarn zweimal und spielten Unentschieden gegen Wales – beides ebenfalls EM-Teams –, darum sollte man sie nicht unterschätzen, nur weil sie es erst in den Play-offs im November schafften. Sie verlassen sich auf ihren Mittelfeld-Kapitän Marek Hamšík, und nach dem Rücktritt des beliebten Verteidigers Martin Škrtel ist die Verteidigung mit Milan Škriniar gut aufgestellt.

22

Marek Hamšík war bei der FIFA Weltmeisterschaft 2010 mit nur 22 Jahren Kapitän.

DIE MANNSCHAFT:

KAPITÄN: Marek Hamšík
TRAINER: Štefan Tarkovič
WEG ZUR UEFA EURO 2020: UEFA Nations League, Weg B Play-offs-Finalsieg
FRÜHERE TEILNAHMEN: 1
BESTES ERGEBNIS: Achtelfinale 2016

IM AUGE BEHALTEN ...

RÓBERT MAK: Emsiger rechter Flügelstürmer
MILAN ŠKRINIAR: Stark in Zweikämpfen und schnell
RÓBERT BOŽENÍK: Begabter Stürmer, der drei Qualifikationstore schoss

RECHTS: Kapitän Marek Hamšík ist der gefährlichste Angreifer der Slowaken.

UNTEN: Die Slowakei posiert für ein Teamfoto vor dem EURO 2020 Qualifikationsspiel gegen Wales 2019.

GRUPPE F

UNGARN

Die Magyars wollen eine Gruppe talentierter Teams durcheinanderwirbeln!

Deutschland, Portugal und Frankreich müssen in Gruppe F 90 Minuten lang die Ungarn gut im Auge behalten. Marco Rossis Team konnte ein grandioses spätes Comeback gegen Island im Play-offs-Finale im November hinlegen und in der 88. und 92. Minute mit einen 2:1 Sieg ihren Platz eroberten. Die drei Gruppengegner mögen ja Weltklassespieler haben, aber Ungarn hat eigene Stars und hofft, dass der 21-jährige Dominik Szoboszlai auf der größten Bühne glänzen kann. Dass sie ihre ersten beiden Spiele in der neuen Puskas Arena in Budapest austragen, wird Ungarn inspirieren.

2

Erstmals qualifiziert sich Ungarn für zwei EMs in Folge, nachdem sie bei der UEFA EURO 2016 das Achtelfinale erreichten.

DIE MANNSCHAFT:

KAPITÄN: Ádám Szalai
TRAINER: Marco Rossi
WEG ZUR UEFA EURO 2020: UEFA Nations League, Weg A Play-offs-Finalsieg
FRÜHERE TEILNAHMEN: 13
BESTES ERGEBNIS: 3. Platz 1964

IM AUGE BEHALTEN ...

WILLI ORBÁN: Starker und gut organisierter Innenverteidiger
DOMINIK SZOBOSZLAI: Spannender junger Mittelfeldspieler mit Blick fürs Tor
PÉTER GULÁCSI: Zuverlässiger, dominanter Torhüter

LINKS: Stürmer und Kapitän Ádám Szalai ist Ungarns erfahrenster Spieler.

OBEN: Ungarn stellt sich vor dem EURO 2020 Qualifikationsspiel gegen Kroatien 2019 auf.

GRUPPE F

PORTUGAL

Der Meister will den Titel verteidigen!

Nachdem Cristiano Ronaldos Team den Pokal bereits bei der UEFA EURO 2016 in Händen halten durfte, soll dies nun wiederholt werden. Ronaldo ist zwar mittlerweile 36, lässt es sich aber nicht anmerken und brachte auch 2019 mit 14 Toren in nur 10 internationalen Spielen Spitzenleistungen. Die Fans haben zudem ihre Freude an Spielmachern wie Bernardo Silva, William Carvalho und João Moutinho oder dem aufstrebenden Superstar João Félix. Im Kader finden sich vielleicht nicht so viele Topspieler wie bei Spanien, Frankreich oder Belgien, doch die Portugiesen glauben fest daran, dass sie ihr drittes Finale in diesem Jahrhundert erreichen können.

101

Portugals Superstar Cristiano Ronaldo erzielte im September 2020 sein 101. internationales Tor.

DIE MANNSCHAFT

KAPITÄN: Cristiano Ronaldo
TRAINER: Fernando Santos
WEG ZUR UEFA EURO 2020: Zweiter der Gruppe B
FRÜHERE TEILNAHMEN: 7
BESTES ERGEBNIS: Meister 2016

IM AUGE BEHALTEN ...

BERNARDO SILVA: Cleverer, kreativer Mittelfeldspieler
JOÃO FÉLIX: Junges Offensivtalent
CRISTIANO RONALDO: Weltklasse-Stürmer

LINKS: João Moutinho bildet das Rückgrat des Mittelfelds im portugiesischen Team.

UNTEN LINKS: Weltklasse-Stürmer Cristiano Ronaldo *(obere Reihe, ganz rechts)* führt Portugal an.

GRUPPE F

FRANKREICH

„Les Bleus" haben die Möglichkeit, ihren dritten EM-Titel zu holen!

Gegnerische Verteidiger werden bei der EURO 2020 Frankreichs Schusskraft fürchten, denkt man nur an Spieler wie Kylian Mbappé, Antoine Griezmann, Kingsley Coman und Olivier Giroud. Abgesehen von Bayern Münchens Flügelspieler Coman verhalfen sie alle Frankreich dazu, die FIFA WM 2018 zu gewinnen, und wollen nun den zweiten großen Titel binnen drei Jahren holen und die Niederlage im Finale der UEFA EURO 2016 gegen Portugal vergessen machen. Die Franzosen haben mit ihrem Trainer Didier Deschamps die nötige Siegermentalität, und der erst 22-jährige Superstürmer Mbappé könnte durchaus Spieler des Turniers werden.

DIE MANNSCHAFT

KAPITÄN: Hugo Lloris
TRAINER: Didier Deschamps
WEG ZUR UEFA EURO 2020: Erster der Gruppe H
FRÜHERE TEILNAHMEN: 9
BESTES ERGEBNIS: Meister 1984, 2000

IM AUGE BEHALTEN ...

ANTOINE GRIEZMANN: Große Gefahr im Strafraum
KINGSLEY COMAN: Tempo und Energie beim Angriff
RAPHAËL VARANE: Cool am Ball in der Abwehr

LINKS: Stürmer Olivier Giroud kann lange den Ball halten und gewinnt meist seine Kopfballduelle.

UNTEN: Die Franzosen treten vor dem Quali-Spiel gegen Albanien zum Mannschaftsfoto an.

21

Didier Deschamps, der aktuelle Trainer Frankreichs, führte vor 21 Jahren seine Nationalmannschaft als Kapitän zum EM-Titel.

GRUPPE F

DEUTSCHLAND

„Die Mannschaft“ will den vierten EM-Titel!

Die in der Qualifikation meist dominanten Deutschen qualifizierten sich für die UEFA EURO 2020 als Gruppenerste. Nach einem knappen Sieg in den Niederlanden in der 90. Minute verlor die Mannschaft allerdings zu Hause 2:4 gegen die Holländer, doch mit einem Sieg gegen Nordirland war sie wieder auf Spur. So oder so ist Deutschland ein wahrer Riese im Weltfußball und kann auf die Erfahrung von Manuel Neuer als Kapitän setzen. Darüber hinaus können sich die Fans auf junge Torjäger wie Timo Werner, Serge Gnabry und Leroy Sané freuen. Wie immer gilt: Gerade bei großen Turnieren darf man die deutsche Mannschaft nie abschreiben.

DIE MANNSCHAFT

KAPITÄN: Manuel Neuer
TRAINER: Joachim Löw
WEG ZUR UEFA EURO 2020: Erster der Gruppe C
FRÜHERE TEILNAHMEN: 12
BESTES ERGEBNIS: Meister 1972*, 1980*, 1996
(*als Westdeutschland)

IM AUGE BEHALTEN ...

TONI KROOS: Dominanter Mittelfeldspieler mit starkem Schuss
SERGE GNABRY: Stürmer mit internationaler Erfahrung
MANUEL NEUER: Starker Torhüter und Kapitän

RECHTS: Marco Reus ist ein vielseitiger Spieler mit starkem Abschluss.

OBEN: Deutschland gilt als Mannschaft, die bei großen Turnieren zur Bestform aufläuft.

15

Joachim Löw ist seit über 15 Jahren für die deutsche Mannschaft verantwortlich. Die EURO 2020 ist Löws dritte Teilnahme an einer EM als Bundestrainer.

UEFA-EURO-2020-STARS:
STURM

Es wird Zeit, die Spieler vorzustellen, die bei der UEFA EURO 2020 brillieren sollen. Hier eine Auswahl der stärksten Torjäger beim Fußballspektakel dieses Sommers!

HARRY KANE

LAND: England
VEREIN: Tottenham Hotspur (England)
GEBOREN: 28. Juli 1993
LÄNDERSPIELE: 51
TORE: 32

Harry Kane führte England als Kapitän durch die Qualifikation für die UEFA EURO 2020 und schoss in acht Spielen zwölf Tore – gegen Bulgarien gelang ihm sogar ein Hattrick. Englands erste Wahl im Sturm hat die Erfahrung, allein als Mittelstürmer zu spielen, ist aber noch effektiver mit Raheem Sterling an seiner Seite. Kane gelingen mit beiden Füßen alle Arten von Toren, egal, ob er aus der Ferne abzieht, einen platzierten Kopfball setzt oder den Ball im Torraum nur noch hineinkickt. Als hervorragender Elfmeterschütze erzielte er vier seiner Tore in der Qualifikation zudem vom Punkt aus. Mit Kane auf dem Platz sind die Three Lions stets gefährlich.

HARRY-KANE-QUIZ

FRAGE 1: Gegen wen erzielte Kane bei der Qualifikation für die UEFA EURO 2020 einen Hattrick?

A. Tschechien ☐ **B. Montenegro** ☐ **C. Bulgarien** ☐

FRAGE 2: In welchem Jahr wurde Kane Englands Kapitän?

A. 2016 ☐ **B. 2017** ☐ **C. 2018** ☐

FRAGE 3: Wie lange brauchte Kane bei seinem Debüt für England, um sein erstes Tor zu schießen?

A. 80 Sekunden ☐ **B. 95 Sekunden** ☐ **C. 120 Sek.** ☐

Antworten auf Seite **59**

ROMELU LUKAKU

LAND: Belgien
VEREIN: Inter Mailand (Italien)
GEBOREN: 13. Mai 1993
LÄNDERSPIELE: 89
TORE: 57

In der Qualifikation für die EURO 2020 war Romelu Lukaku in Bestform und verhalf Belgien, unterstützt von Eden Hazard, Kevin De Bruyne und Dries Mertens, dazu, sich als erstes Team für die EM zu qualifizieren. Der kräftige Stürmer zeigt auf internationaler Bühne stets Spitzenleistung und ist mit über 50 Toren bereits Belgiens bester Torschütze aller Zeiten. Sieben dieser Tore schoss er allein in den Quali-Spielen der Gruppe I. Wenn Lukaku seine Form bis zur UEFA EURO 2020 hält, hat er gute Chancen, dass sein Name am Ende auf dem Goldenen Schuh für den besten Torschützen dieses Sommers stehen wird!

KYLIAN MBAPPÉ

LAND: Frankreich
VEREIN: Paris Saint-Germain (Frankreich)
GEBOREN: 20. Dezember 1998
LÄNDERSPIELE: 39
TORE: 16

Tempo, Power, Tricks, Weitsicht – der französische Superstar Kylian Mbappé hat alles! Neben Antoine Griezmann und Olivier Giroud führte der PSG-Star den Angriff bei der letzten FIFA WM an und ist nun bereit, bei seiner ersten UEFA EURO zu glänzen. In seinem Pariser Verein mit Neymar zu spielen, hat Mbappé zum noch stärkeren Torjäger gemacht, und viele Fans meinen, er habe nach dem Wechsel in die Hauptstadt noch einmal ein ganz anderes Niveau erreicht. Mbappé kann als Mittelstürmer spielen oder sich von außen in den Strafraum dribbeln. Lässt die Abwehr ihm zu viel Raum, nutzt er jede Chance zum Angriff.

KYLIAN-MBAPPÉ-QUIZ

FRAGE 1: Wie viele Tore schoss Mbappé 2016 bei der U19-Europameisterschaft der UEFA?

A. 4 ☐ **B.** 5 ☐ **C.** 6 ☐

FRAGE 2: Mbappé debütierte 2017 mit nur 18 Jahren in der A-Nationalmannschaft. Wer war ihr Gegner?

A. Spanien ☐ **B. Luxemburg** ☐ **C. Portugal** ☐

FRAGE 3: Mit welcher Fußballlegende wurde Mbappé bei der FIFA Weltmeisterschaft 2018 verglichen?

A. Johan Cruijff ☐ **B. Diego Maradona** ☐ **C. Pelé** ☐

Antworten auf Seite **59**

ÁLVARO MORATA

LAND: Spanien
VEREIN: Juventus (Italien, ausgeliehen von Real Madrid)
GEBOREN: 23. Oktober 1992
LÄNDERSPIELE: 36
TORE: 18

Um gegen Spieler wie Mikel Oyarzabal und Rodrigo einen Platz unter Spaniens Angreifern zu ergattern, muss Alvaro Morata auf Tempo, Talent und Erfahrung setzen. Im Einsatz stiftet er gerne Chaos unter Europas Top-Verteidigern. Der ehemalige Chelsea- und Real-Madrid-Stürmer erzielte bei der UEFA EURO 2020 Qualifikation vier Tore, darunter die beiden spielentscheidenden in Malta. Morata gibt alles für La Roja, und seine Luftüberlegenheit verhilft Spanien zu Freistößen, Eckbällen und Flanken in den Strafraum.

UEFA-EURO-2020-STARS: MITTELFELD

Die besten Mannschaften setzen ihre kreativsten Spieler meist im Mittelfeld ein. Folgende Stars werden ihr Talent bei der UEFA EURO 2020 zur Schau stellen.

EDEN HAZARD

LAND: Belgien
VEREIN: Real Madrid (Spanien)
GEBOREN: 7. Januar 1991
LÄNDERSPIELE: 106
TORE: 32

Belgiens Mittelfeldass Eden Hazard ist auf dem Platz selten zu stoppen. Egal, ob der zwischen Mittelfeld und Sturm wechselnde Hazard rasant durchs Zentrum oder von außen kommt, der Ball scheint ihm regelrecht an den Füßen zu kleben. Er führt ein mit Stars gespicktes Team an und bildet mit Kevin De Bruyne ein kreatives Gespann von Weltklasse. Hazards internationale Torausbeute kann sich ebenso sehen lassen, landet er doch im Schnitt jedes dritte Spiel einen Treffer. Mit Hazard in Bestform kann Belgien durchaus auf den EM-Titel am 12. Juli hoffen.

EDEN-HAZARD-QUIZ

FRAGE 1: Gegen welche Mannschaft schoss Hazard 2011 sein erstes Tor auf internationaler Bühne?

A. Türkei ☐ **B. Aserbaidschan** ☐ **C. Kasachstan** ☐

FRAGE 2: Wen löste Hazard 2015 als Kapitän der belgischen Nationalmannschaft ab?

A. Vincent Kompany ☐ **B. Dries Mertens** ☐ **C. Thomas Vermaelen** ☐

FRAGE 3: Welcher Spieler war einst Hazards großes Vorbild?

A. Jan Ceulemans ☐ **B. Zinédine Zidane** ☐ **C. Ronaldinho** ☐

Antworten auf Seite **59**

MARCO VERRATTI

LAND: Italien
VEREIN: Paris Saint-Germain (Frankreich)
GEBOREN: 5. November 1992
LÄNDERSPIELE: 38
TORE: 3

Mit entscheidend für Italiens Erfolg in der Qualifikation für die UEFA EURO 2020 war die Form von Marco Verratti (der die EURO 2016 wegen einer Verletzung verpasst hatte). Als Bindeglied zwischen Abwehr und Angriff ist er gut in Zuspiel, Tackling, Dribbling und Pressing und lässt Kompliziertes leicht erscheinen. Der seit neun Spielzeiten bei Paris aktive Verratti bringt zudem einige Erfahrung mit, was große Partien angeht. Die Azzurri werden auf seinen Überblick und seine Ruhe setzen, um dieses Jahr die Gruppenphase zu überstehen und es vielleicht sogar ins Finale zu schaffen.

PAUL POGBA

LAND: Frankreich
VEREIN: Manchester United (England)
GEBOREN: 15. März 1993
LÄNDERSPIELE: 75
TORE: 10

Um als Mittelfeldspieler eines erfolgreichen europäischen Teams Anerkennung zu gewinnen, braucht man Energie, physische Präsenz, gute Fußarbeit, schnelles Denkvermögen und Tore. Zum Glück für Frankreich kann Paul Pogba mit allem aufwarten, was nötig ist. Die UEFA EURO 2020 wird das vierte große internationale Turnier des ManU-Spielers, der seiner Sammlung nach dem Erfolg bei der EURO 2016 nur zu gern eine weitere Siegermedaille hinzufügen würde. Es wäre kaum überraschend, wenn auch sein Name diesen Sommer auf der Torschützenliste auftaucht.

PAUL-POGBA-QUIZ

FRAGE 1: Welchen Spitznamen erhielt Pogba, als er bei Juventus Turin spielte?

A. Il Polpo ☐ **B. Il Vento** ☐ **C. Il Premio** ☐

FRAGE 2: Pogba hat zwei ältere Brüder, die Zwillinge sind und auch Fußball spielen – aber für welches Land?

A. Ghana ☐ **B. Guinea** ☐ **C. Gabun** ☐

FRAGE 3: In welchem Jahr stand Pogba in der engeren Auswahl für die Auszeichnung als Europas Fußballer des Jahres?

A. 2015 ☐ **B. 2016** ☐ **C. 2017** ☐

Antworten auf Seite **59**

TONI KROOS

LAND: Deutschland
VEREIN: Real Madrid (Spanien)
GEBOREN: 4. Januar 1990
LÄNDERSPIELE: 101
TORE: 17

Erfolge, wie sie dieser deutsche Fußballstar bereits feiern konnte, wären nicht ohne enormes Talent möglich. Kroos ist zwar erst 31, konnte aber mit Verein und Nationalmannschaft schon über 20 große Titel einfahren, so bei der FIFA WM 2014 und viermal bei der UEFA Champions League. Joachim Löws Kader hat sich zuletzt stark verändert, aber Kroos' Qualitäten bei Pässen, Torvorlagen und Abschlüssen sind unverzichtbar. Er ist auch der Erfahrenste unter den jüngeren Mittelfeldspielern wie Kai Havertz und Leon Goretzka.

UEFA-EURO-2020-STARS:
ABWEHR

Alle Teams bei der UEFA EURO 2020 werden zweifellos eine felsenfest stehende Abwehr benötigen, um den Titel zu holen. Hier einige der toughsten Verteidiger!

JOÃO CANCELO

LAND: Portugal
VEREIN: Manchester City (England)
GEBOREN: 27. Mai 1994
LÄNDERSPIELE: 22
TORE: 4

Rechtsverteidiger João Cancelo ist so talentiert, dass er ebenso gut als Linksverteidiger oder Flügelspieler eingesetzt werden kann! Er ist nicht nur schnell und gewandt, sondern auch brillant im Tackling. Cancelo spielte 2012 bei der U19-EM für Portugal und war im Kader der Mannschaft, die 2019 die UEFA Nations League gewann. Auf internationalem Parkett mag sein Name noch nicht so bekannt sein, aber er ist mehr als fähig, sich bei der EURO mit den besten Spielern zu messen.

VIRGIL VAN DIJK

LAND: Niederlande
VEREIN: Liverpool (England)
GEBOREN: 8. Juli 1991
LÄNDERSPIELE: 38
TORE: 4

Der 2019 vor Cristiano Ronaldo und Lionel Messi zu Europas Spieler des Jahres gewählte Virgil van Dijk hat zweifelsfrei Weltklasse. Der Kapitän der Niederlande ist ein starker Verteidiger mit großen Qualitäten bei Kopfbällen, Tackling und Ballklärung. Er startet oft Angriffe mit einem cleveren Pass von hinten und erzielt nach Standardsituationen wuchtige Kopfballtore. Für van Dijk ist es seine erste EM-Endrunde, und seine Leistung und Fitness werden mit entscheiden, wie weit es für das Oranje-Team dieses Jahr gehen kann.

SERGIO RAMOS

LAND: Spanien
VEREIN: Real Madrid (Spanien)
GEBOREN: 30. März 1986
LÄNDERSPIELE: 178
TORE: 23

Mit den Titeln, die Sergio Ramos im Fußball gewonnen hat, könnte man ein ganzes Buch füllen! Er ist Spaniens berühmtester Verteidiger, hat eine Rekordzahl an Länderspielen absolviert und gehört sogar zur Top 10 derer, die die meisten Tore für ihr Land geschossen haben. Mit bereits zwei EM- und einem WM-Titel ist Ramos jemand für die großen Spiele, der auch mit 35 noch genug Power und ein Gespür dafür hat, wo er stehen muss, um Angriffe abzuwehren. Allerdings muss Ramos Disziplin zeigen, hat er in seiner Karriere doch über 270 Karten gesammelt.

HARRY MAGUIRE

LAND: England
VEREIN: Manchester United (England)
GEBOREN: 5. März 1993
LÄNDERSPIELE: 30
TORE: 2

Als wichtiger Verteidiger für Manchester United hat Harry Maguire genug Stärke, Erfahrung, Temperament und einen coolen Umgang mit dem Ball, um im Spiel selbst die besten Stürmer kleinzuhalten. Seit der FIFA WM 2018, wo England das Halbfinale erreichte, hatte Trainer Gareth Southgate ihn regelmäßig als Rückgrat der englischen Abwehr auf dem Zettel. Maguire spielt auch großartige Pässe von hinten und ist bei Freistößen und Ecken immer eine Gefahr im gegnerischen Strafraum.

UEFA-EURO-2020-STARS: TOR

Sieh dir einige der Spitzentorhüter an, die alles dafür tun werden, dass ihre Teams bei der diesjährigen Europameisterschaft glänzen.

JORDAN PICKFORD

LAND: England
VEREIN: FC Everton (England)
GEBOREN: 7. März 1994
LÄNDERSPIELE: 30
DEBÜT: 2017

Auch wenn er mit 1,85 m nicht so groß ist wie andere internationale Toptorhüter, gibt Jordan Pickford im englischen Tor doch ein eindrucksvolles Bild ab. Der Mann von Everton schaltet schnell, ist selbstbewusst und scheut sich nicht, nach vorn zu eilen, um einen Einzelangriff zu stoppen oder einen gefährlich in den Strafraum geflankten Ball wegzufausten. Zu Pickfords besten Waffen zählt sein genaues Zuspiel – er kann den Ball so schießen oder auch werfen, dass dieser seinem Mitspieler quasi auf den Fuß fällt und er einen schnellen Konter fahren kann.

THIBAUT COURTOIS

LAND: Belgien
VEREIN: Real Madrid (Spanien)
GEBOREN: 11. Mai 1992
LÄNDERSPIELE: 81
DEBÜT: 2011

Der 1,99 m große Belgier spielte in neun der EURO-Qualifikationsspiele seines Landes und ließ dabei nur zwei Gegentore zu. Courtois reagiert blitzschnell und erreicht so auch fast unhaltbar erscheinende Bälle. Als Torhüter einer der angriffsstärksten Nationalmannschaften muss der Star von Real Madrid stets wachsam und bereit sein, wenn der Ball in seinen Strafraum gelangt. Bei der FIFA WM 2018 war er sehr enttäuscht, nur das Halbfinale erreicht zu haben – in diesem Sommer hat er höhere Ziele.

MANUEL NEUER

LAND: Deutschland
VEREIN: Bayern München (Deutschland)
GEBOREN: 27. März 1986
LÄNDERSPIELE: 96
DEBÜT: 2009

Während er auf sein 100. Länderspiel zusteuert und bereits die Siegermedaille einer FIFA WM in der Tasche hat, würde der deutsche Kapitän gerne noch den EM-Titel zu seiner langen Liste an Erfolgen hinzufügen. Trotz starker Konkurrenz durch Barcelonas Marc-André ter Stegen hält der erfahrene Torhüter seinen Platz zwischen den Pfosten mit seiner Energie, Beweglichkeit und Schussstärke. Neuer ist 1,93 m groß und hat seine Hände und Füße auf dem Platz nur selten am falschen Ort.

WOJCIECH SZCZĘSNY

LAND: Polen
VEREIN: Juventus Turin (Italien)
GEBOREN: 18. April 1990
LÄNDERSPIELE: 49
DEBÜT: 2009

Auch wenn er mit West Hams Łukasz Fabiański um den Platz in Polens Tor wetteifern muss, stellt sich Wojciech Szczęsny dieser Herausforderung und bleibt für sein Land in Topform. Außerdem wird man nur zur Nummer eins im Tor von Juventus, einem der größten Clubs der Welt, wenn man auch ein Talent von Weltklasse ist! Szczęsny spielte in sechs Partien der Qualifikation und behielt dabei viermal eine weiße Weste, damit Polen sicher weiterkommt. Vergangene EM-Endrunden waren für ihn wegen Verletzungen und Sperren in den Jahren 2012 und 2016 durchwachsen. Das will er dieses Jahr wieder wettmachen.

UEFA EURO 2020 DAS QUIZ: TEIL 1

Teste dein Fußballwissen mit einem schnellen EURO-2020-Quiz! Dafür musst du nur die folgenden Fragen lesen und in die Felder deine Antwort(en) eintragen. Da die UEFA Europameisterschaft dieses Jahr 60 wird, ist auch die erreichbare Höchstpunktzahl 60.

CAPTAIN FANTASTIC

Diese grandiosen Kapitäne führten ihr Land bei der EURO zum Erfolg, aber in welchem Jahr?

A

Theo Zagorakis

2 0 ? ?

B

Jürgen Klinsmann

1 9 ? ?

C

Giacinto Facchetti

1 9 ? ?

GROSSE ACHTER

Unten siehst du die Trikots legendärer Spieler, die in einer EM-Endrunde die Nummer 8 auf dem Rücken trugen. Doch wie hießen sie? Ergänze die fehlenden Buchstaben!

ZU BESUCH IN ROM

Die UEFA EURO 2020 startet im Olimpico Rom, aber auf welchem der beiden Bilder ist es zu sehen?

NAHAUFNAHME

Die Kamera ist ganz nah an diese Trikots herangezoomt, die bei der Qualifikation für die EURO 2020 getragen wurden. Die Mannschaften welcher Länder trugen sie?

Deine Antworten:

UEFA EURO 2020 DAS QUIZ: TEIL 2

VORSICHT VOR HAZARD!

Unten links siehst du ein Bild des Belgiers Eden Hazard, der es in der Qualifikation mit Russland aufnimmt. Im Bild rechts daneben sind fünf Fehler. Findest du sie alle?

STRAFSTOSS

Der spanische Stürmer Álvaro Morata schießt einen Elfmeter, aber welcher Ball ist der richtige: A, B, C oder D?

ENDSPURT

Hake die fünf Spieler ab, die in einem EM-Finale ein Tor geschossen haben.

VAN BASTEN | TREZEGUET | KANE | TORRES

ÉDER | LEWANDOWSKI | GOMEZ | CHARISTEAS

TORJÄGER

Diese Fußballstars haben in EM-Endrunden jede Menge Tore geschossen, aber wie viele genau? Verbinde den Spieler mit der passenden Anzahl an Toren!

Alan Shearer

Zinédine Zidane

Zlatan Ibrahimović

5 TORE | 6 TORE | 7 TORE

MEINE PUNKTZAHL: / 60?

Antworten

TEIL 1

Captain Fantastic: Theo Zagorakis: 2004, Jürgen Klinsmann: 1996, Giacinto Facchetti: 1968

Große Achter: A: Özil, B: Xavi, C: Davids, D: Gascoigne

Zu Besuch in Rom: A

Nahaufnahme: A: Deutschland, B: Italien, C: England

TEIL 2

Vorsicht vor Hazard!

Strafstoß: B

Endspurt: Van Basten, Trezeguet, Torres, Éder, Charisteas

Torjäger: Zinédine Zidane: 5, Zlatan Ibrahimović: 6, Alan Shearer: 7

SPIELER QUIZ

Harry Kane: 1C, 2B, 3A

Kylian Mbappé: 1B, 2B, 3C

Eden Hazard: 1C, 2A, 3B

Paul Pogba: 1A, 2B, 3A

MEINE HIGHLIGHTS

Sieh dir das ganze Spektakel der UEFA EURO 2020 an und notiere dir die Partien, Tore, Teams und Momente, die dir am meisten gefallen haben. So erinnerst du dich immer an deine persönlichen Höhepunkte dieses Fußballevents.

SIEGER DER UEFA EURO 2020:

VIZEMEISTER:

GEWINNER DES GOLDENEN SCHUHS: ER SCHOSS TORE.

MEINE LIEBLINGSMANNSCHAFT:

SIE GEFIEL MIR, WEIL …

MEIN LIEBLINGSSPIELER:

ER WAR DER BESTE, WEIL …

BESTER JUNGER SPIELER:

GESCHICKTESTER SPIELER:

TEAM, DAS DEN SCHÖNSTEN FUßBALL GESPIELT HAT:

MEINE MANNSCHAFT DES TURNIERS:

1

ABWEHR

2 4 5 3

MITTELFELD

10 6 8

STURM

7 9 11

MEIN LIEBLINGSTOR:

....

MEIN LIEBLINGSKAPITÄN:

....

MEIN LIEBLINGSTRAINER:

....

SPIELPLAN UND ERGEBNISSE

Auf diesen Seiten kannst du die Ergebnisse aller 51 Endrundenpartien der UEFA EURO 2020 eintragen. Lass dir nicht das große Auftaktspiel am 11. Juni und das Finale am 11. Juli entgehen. Viel Spaß!

GRUPPE A

11. Juni, 21:00	**Türkei**			**Italien**	Rom
12. Juni, 15:00	**Wales**			**Schweiz**	Baku
16. Juni, 18:00	**Türkei**			**Wales**	Baku
16. Juni, 21:00	**Italien**			**Schweiz**	Rom
20. Juni, 18:00	**Italien**			**Wales**	Rom
20. Juni, 18:00	**Schweiz**			**Türkei**	Baku

	Team	Sp.	S	U	N	TD	Pkt.
1							
2							
3							
4							

GRUPPE D

13. Juni, 15:00	**England**			**Kroatien**	London
14. Juni, 15:00	**Schottland**			**Tschechien**	Glasgow
18. Juni, 18:00	**Kroatien**			**Tschechien**	Glasgow
18. Juni, 21:00	**England**			**Schottland**	London
22. Juni, 21:00	**Kroatien**			**Schottland**	Glasgow
22. Juni, 21:00	**Tschechien**			**England**	London

	Team	Sp.	S	U	N	TD	Pkt.
1							
2							
3							
4							

GRUPPE B

12. Juni, 18:00	**Dänemark**			**Finnland**	Kopenhagen
12. Juni, 21:00	**Belgien**			**Russland**	St. Petersburg
16. Juni, 15:00	**Finnland**			**Russland**	St. Petersburg
17. Juni, 18:00	**Dänemark**			**Belgien**	Kopenhagen
21. Juni, 21:00	**Finnland**			**Belgien**	St. Petersburg
21. Juni, 21:00	**Russland**			**Dänemark**	Kopenhagen

	Team	Sp.	S	U	N	TD	Pkt.
1							
2							
3							
4							

GRUPPE E

14. Juni, 18:00	**Polen**			**Slowakei**	Dublin
14. Juni, 21:00	**Spanien**			**Schweden**	Bilbao
18. Juni, 15:00	**Schweden**			**Slowakei**	Dublin
19. Juni, 21:00	**Spanien**			**Polen**	Bilbao
23. Juni, 18:00	**Schweden**			**Polen**	Dublin
23. Juni, 18:00	**Slowakei**			**Spanien**	Bilbao

	Team	Sp.	S	U	N	TD	Pkt.
1							
2							
3							
4							

GRUPPE C

13. Juni, 18:00	**Österreich**			**Nordmazedonien**	Bukarest
13. Juni, 21:00	**Niederlande**			**Ukraine**	Amsterdam
17. Juni, 15:00	**Ukraine**			**Nordmazedonien**	Bukarest
17. Juni, 21:00	**Niederlande**			**Österreich**	Amsterdam
21. Juni, 18:00	**Nordmazedonien**			**Niederlande**	Amsterdam
21. Juni, 18:00	**Ukraine**			**Österreich**	Bukarest

	Team	Sp.	S	U	N	TD	Pkt.
1							
2							
3							
4							

GRUPPE F

15. Juni, 18:00	**Ungarn**			**Portugal**	Budapest
15. Juni, 21:00	**Frankreich**			**Deutschland**	München
19. Juni, 15:00	**Ungarn**			**Frankreich**	Budapest
19. Juni, 18:00	**Portugal**			**Deutschland**	München
23. Juni, 21:00	**Portugal**			**Frankreich**	Budapest
23. Juni, 21:00	**Deutschland**			**Ungarn**	München

	Team	Sp.	S	U	N	TD	Pkt.
1							
2							
3							
4							